Publications mensuelles de L'IDÉE LIBRE :: Brochure n° 53

HAN RYNER

Des diverses sortes d'Individualisme

:: CONFÉRENCE ::
prononcée le 10 Décembre 1921, pour le dixième anniversaire de *L'IDÉE LIBRE*
(Grande Salle de la Maison Commune)

Prix : UN FRANC

LE FAUCONNIER
COLLECTION
« LES AMIS DE HAN RYNER »
74, Rue Vasco-de-Gama
PARIS (XVe)

ÉDITIONS DE
L'IDÉE LIBRE
CONFLANS-HONORINE
(Seine-et-Oise)

- 1922 -

DES DIVERSES SORTES
:: D'INDIVIDUALISME ::

Publications mensuelles de L'IDÉE LIBRE :: Brochure n° 53

HAN RYNER

Des diverses sortes d'Individualisme

:: CONFÉRENCE ::
prononcée le 10 Décembre 1921, pour le dixième anniversaire de *L'IDÉE LIBRE*
(Grande Salle de la Maison Commune)

Prix : UN FRANC

LE FAUCONNIER
COLLECTION
« LES AMIS DE HAN RYNER »
74, Rue Vasco-de-Gama
PARIS (XVe).

ÉDITIONS DE
L'IDÉE LIBRE
CONFLANS-HONORINE
(Seine-et-Oise)

— 1922 —

Des diverses sortes d'Individualisme

CAMARADES,

Sont-ils nombreux — j'entends en dehors de cette salle — ceux qui peuvent se rappeler avec fierté les souvenirs d'avant-guerre, ceux qui se rendent avec justice le témoignage qu'ils sont les mêmes en 1921 qu'en 1913, les mêmes qu'en 1915 ou en 1917 ?

Nous sommes restés fidèles à nous-mêmes et cependant nous n'acceptons pas sans quelque amendement la formule que grincèrent toujours les girouettes contre les êtres de fermeté. Oui, nous sommes ceux qui n'ont rien oublié. Sommes-nous ceux qui n'ont rien appris ? Ah ! de quel détail abondant et lamentable notre expérience s'est enrichie. Mais les cadres de notre pensée étaient assez larges et assez solides pour recevoir, sans en être brisés ou faussés, le terrible apport nouveau. Pour dire les choses d'un seul mot et d'un seul exemple, les horreurs de la guerre n'ont ni surpris, ni diminué, ni même beaucoup augmenté notre horreur de la guerre.

Enrichis et affermis, nous sommes restés, pour l'essentiel, tellement les mêmes que si notre ami André Lorulot, beaucoup plus ordonné et beaucoup plus archiviste que moi, ne m'avait bienveillamment rappelé quelle conférence je prononçais devant vous pour fêter la naissance de *l'Idée Libre*, je risquais, en ce dixième anniversaire de la vaillante revue, de reprendre le même sujet sous le même titre, d'exposer à peu près dans le même ordre les mêmes pensées en les éclairant peut-être de quelques exemples récents.

Eh ! quoique averti, je ne suis nullement certain de ne pas suivre aujourd'hui un sentier que j'ai tracé, d'un premier passage, il y a dix ans.

Cette ancienne causerie s'appelait, paraît-il, « *A la recherche du bonheur* ». A étudier les diverses sortes d'individualisme ne vais-je pas en quelque manière dessiner sur la carte de la vie humaine les différentes routes qui conduisent au bonheur ? Peut-être, en plus d'un endroit, ma parole actuelle recouvrira exactement, répètera identiquement ma parole ancienne. Peut-être, dès le début, je m'arrête devant un obstacle qui, voici dix ans, dès le début m'arrêta. Je soupçonne que je vous parlais du bonheur sans avoir tenté de le définir ou sans y avoir réussi. Et voici que je vais classer les individualismes sans avoir essayé de définir ce que c'est qu'individualisme.

Car définir me semble proprement anti-individualiste. L'individualiste est un homme qui a le sentiment de la réalité de l'individu et de l'irréalité de tout ce qui n'est pas individuel et singulier. Or tous les logiciens déclarent que l'individu n'est pas définissable ; sa richesse complexe ne saurait être enfermée en aucune formule ; on ne peut définir que des termes généraux. Puis donc que l'individualiste ne croit à la réalité que de l'individu, définir, pour lui, ce serait dire,non pas ce qui est, mais ce qui n'est pas. Parce qu'on ne peut définir que des idées générales, Platon disait déjà : « Il n'y a de science que du général », mot qui a été si souvent répété au cours des siècles et qui le sera encore.

Je n'examinerai pas aujourd'hui — cela m'entraînerait trop loin de mon sujet — quelle est la valeur de la science. Mais définir l'individu, seul réel, est déclaré impossible par tous les logiciens ; définir ce qui n'est pas individuel et réel, définir le général ne semble pas intéressant à l'individualiste. Je ne suis pas le premier individualiste qui ait cette impression. Nietsche a écrit plusieurs fois contre la définition. Et les plus anciens individualistes que nous connaissions, les cyniques, étaient déjà hostiles à toute définition.

Nous ne connaissons la critique cynique de la définition que par des exposés hostiles de Platon et d'Aristote, grands définisseurs. Cependant, à travers ces réquisitoires que n'équilibre aucune plaidoirie (puisque toute la littérature cynique est perdue), il semble que la critique de la définition faite par les cyniques embarrassait singulièrement les définisseurs de leur temps. A essayer de la reconstituer, elle paraîtrait peut-être — si peu individualiste que soit ce mot — définitive à quelques-uns.

Je n'essaie pas de la reconstituer historiquement. Je

la traduis en termes tout à fait modernes. Peut-être, à une vieille pensée mal connue, connue uniquement à travers des exposés d'ennemis, je mêle un peu de ma pensée.

Puisque l'individu seul est réel et qu'il est indéfinissable, que sera donc ce qu'on pourra définir ? Qu'exprime le terme général ? Lorsque je dis « homme », qu'est-ce que je dis ?

Je résume une certaine série d'expériences ; je résume toutes les rencontres à propos desquelles je me suis dit : « homme ». Mais, ma série d'expériences ne correspond avec celle d'aucun d'entre vous ; aucun d'entre vous n'a rencontré exactement et uniquement les mêmes hommes, dans les mêmes circonstances, dans le même ordre, dans le même état d'esprit. Donc, lorsque je prononce « homme », je dis ma série d'expériences et vous entendez une autre chose : votre propre série d'expériences. Mon idée de l'homme ne coïncide avec l'idée de l'homme d'aucun d'entre vous. Bien plus, lorsque je dis « homme » aujourd'hui, je ne dis pas la même chose que lorsque je disais « homme » hier et que lorsque je dirai « homme » demain. Ma série d'expériences va s'enrichissant et se modifiant tous les jours.

Non seulement un terme général exprime une série d'expériences qui varie pour chacun de nous avec le temps et qui, à plus forte raison, varie entre nous, mais encore le même mot sert dans la même bouche à exprimer des séries d'expériences différentes ; il y a de continuelles équivoques dans notre parole ; je dis dans la parole de ceux qui sont de bonne foi.

Si j'affirme, par exemple : « Socrate, Diogène, voilà des hommes », et si je dis, en parlant des dernières saletés de Poincaré et de Clemenceau : « Voilà quelque chose de bien humain », je résume deux séries d'expériences différentes et j'emploie les mots homme ou humain dans deux sens qui ne se ressemblent guère.

Les termes généraux n'ont donc de sens, pour nous, qu'à la condition de résumer une série d'expériences qui est différente chez chacun de nous et qui, chez le même homme est différente suivant les moments ; il y a des heures où telles expériences dominent ma pensée et des heures où ce sont telles autres rencontres. Il y a des moments où, lorsque je dis homme, je songe à mes grands amis de l'histoire, Socrate, Diogène, Epicure, Epictète, Jésus, Spinoza ; et il y a des moments où je dis « homme » comme on vomit et où je songe à quelques-unes des bêtes à pain à quoi je me suis heurté aujourd'hui.

Ainsi, je ne peux pas définir, même pour moi. La définition, disent les logiciens, doit être adéquate, s'appliquer exactement au défini et uniquement au défini. Il m'est impossible de trouver une définition adéquate, même pour moi seul ; une définition qui dise exactement ce que je pense quand je prononce le mot homme. A plus forte raison m'est-il impossible de trouver une définition adéquate pour les autres.

D'autre part, les dogmatiques commencent toujours leurs exposés par des définitions ; sur ces définitions, qu'ils prétendent adéquates ou qu'ils demandent d'accepter, ils appuient des discussions précises et des démonstrations qu'ils croient exactes.

Il est prudent de ne pas définir au commencement d'un exposé, ne serait-ce que pour faire voir qu'on n'aura pas la naïveté de croire ou la mauvaise foi de prétendre qu'on a démontré quelque chose.

Mais d'où vient cette habitude de définir et d'appuyer sur des définitions des raisonnements que l'on croit des démonstrations ? Elle vient de ce que la première science qui se soit constituée s'appuie sur des définitions, et ces définitions sont adéquates ; et les démonstrations qu'on appuie sur elles sont exactes. Je veux parler de la science mathématique.

Qu'est-ce qui confère un tel privilège à la science mathématique, à la démonstration mathématique et à la définition mathématique ? Oh ! cela est bien simple. Lorsque j'essaie de définir l'homme, l'individualisme, ou quoi que ce soit de concret, j'essaie d'enfermer dans une formule une série d'expériences. En mathématiques, je n'essaie rien de semblable. En mathématiques, il ne s'agit pas d'expériences.

Lorsque je définis la ligne par l'absence de longueur et d'épaisseur, lorsque je définis la surface par l'absence d'épaisseur, je sais que, dans la réalité, supprimer complètement une des trois dimensions, c'est supprimer aussi les deux autres et supprimer l'objet. Une surface qui, réellement, n'aurait aucune épaisseur, n'existerait plus, disparaîtrait. Lorsque je définis la circonférence une ligne dont tous les points sont à égale distance d'un point intérieur appelé centre, comme j'ai défini auparavant le point par l'absence d'étendue et qu'il ne peut rien exister sans étendue, je sais très bien que ma définition ne correspond à rien de réel ; je sais très bien qu'il n'y a pas dans la nature et que l'art ne peut pas produire de cercles parfaits ; or, un cercle qui n'est pas parfait n'est pas un cercle.

En mathématiques, ma définition n'essaie pas de dire ce qui est ; elle crée son objet. Il n'y a pas de cercles avant qu'on ait défini le cercle ; il n'y a pas de ligne avant qu'on ait défini la ligne ; il n'y a pas de surface avant qu'on ait défini la surface. Ce sont nos définitions mêmes qui créent la surface, la ligne, le point, le cercle.

Puisqu'elles créent, puisqu'au lieu d'essayer de recouvrir exactement quelque chose réel, quelque chose d'antérieur à elles, elles produisent quelque chose d'idéal, ce quelque chose les recouvre exactement. Les définitions mathématiques, parce qu'elles créent leur objet au lieu d'essayer de dire ce qui est, sont exactes, sont adéquates, s'appliquent à tout le défini et rien qu'au défini.

Parce qu'elles sont adéquates, elles permettent des démonstrations exactes. Parce que, dans le cercle, il n'y a que ce que j'y mets, je découvre dans cette définition toutes les propriétés du cercle ; tous les théorèmes concernant le cercle sortent de la définition du cercle de même que tous les théorèmes sur le triangle sortent de la définition du triangle.

Mais cela est un privilège exclusif des mathématiques. A moins que nous ne voulions procéder ailleurs mathématiquement, cest-à-dire ne nous préoccuper en rien de ce qui existe et créer l'objet de notre méditation.

Dès que nous essayons de voir un peu ce qui existe, dès que nous essayons de saisir un peu de concret, pour les raisons que je vous exposais tout à l'heure, nous ne pouvons plus définir exactement. Nous savons que, lorsqu'il s'agit du concret, la définition, au lieu d'être au commencement de la science, ne peut venir qu'à la fin de la science. Elle est un résumé au lieu d'être un point de départ. Elle n'est jamais tout à fait adéquate, tout à fait exacte et il serait absurde d'appuyer sur elle des démonstrations.

Je ne vous définirai donc pas l'individualisme. Pour ne pas être tenté, en partant de ma définition, de vous démontrer que ceci est individualiste et que cela ne l'est pas.

Cependant, pour que vous me compreniez et pour que je me comprenne moi-même, il faut indiquer à peu près, entre gens de bonne foi et sans y mettre de malice, ce que j'entends par individualisme. Tout à l'heure, je vous disais que le même mot, suivant les moments, a des sens différents. Je vous donnais l'exemple du mot « homme » où je puis attacher une idée d'admiration ou une idée de mépris suivant que je le prononce pour résumer telle série d'expériences ou telle autre série d'expériences.

Il en est de même de tous les mots. Tous les mots ont, pour chacun de nous, des sens multiples. Ces sens se mêlent, s'embrouillent, se recouvrent comme les cercles que fait l'eau dans laquelle on a jeté une pierre. Cependant, nous pouvons, dans une certaine mesure, dire schématiquement, grossièrement, qu'ils sont cencentriques. Si nous allons à la limite comme les mathématiciens, nous donnons à chaque mot un sens tellement large qu'il embrasse l'infini, un sens tellement étroit qu'il ne s'applique plus à rien, et aussi des significations intermédiaires innombrables.

Il vous est peut-être arrivé ou il vous arrivera d'entendre de camarades discuter sur l'individualime et l'un d'eux prendre le mot dans un sens tellement large que tout le monde serait individualiste. En effet, il ne peut pas y avoir d'individus sans un certain degré d'individualisme ; il ne peut pas y avoir de pensée qui ne contienne un grain d'individualisme. A prendre le mot individualisme dans un sens lâche et vaste, je l'applique à tous les penseurs. Je puis aussi le prendre dans un sens tellement étroit, tellement sévère, tellement absolu qu'il ne s'applique plus à personne.

Vous avez assisté ou vous assisterez à des discussions où l'un des adversaires vous démontre que tel mot s'applique à tous et à tout, mais l'autre vous prouve qu'il ne s'applique à rien ni à personne. Le mot, quel qu'il soit, peut-être à la fois un point sans étendue ou le rayonnant et fuyant infini.

Un camarade malicieux me démontrerait avec une égale facilité que je ne suis pas individualiste ou que tout le monde est individualiste. Vous entendez bien que ce sont là arguments de polémique. Ce sont des jeux. Mais, très souvnt, celui qui joue le jeu s'y prend le premier ; il n'est pas de mauvaise foi ; il est naïf.

Entre le sens si étroit et si pur du mot qu'il n'y a jamais eu d'individualiste et que Diogène peut refuser ce nom même à son maître Antisthène, et le sens large, immense, infini où M. Charles Maurras lui-même devient un individualiste puisqu'il s'exprime autrement que son voisin aussi royaliste que lui, il y a un certain nombre de sens intermédiaires qui sont les seuls intéressants parce que, seuls, ils disent quelque chose. Dire tout, puisque c'est tout confondre, c'est une façon de ne rien dire.

Mais ces sens intermédiaires sont multiples, arbitraires, Je puis, de très bonne foi, prendre tantôt l'un, tantôt l'autre. Cependant, il faut que je connaisse ce risque ; il faut que je m'applique à l'éviter dans le courant d'une même opération intellectuelle. Sans quoi ma méditation ne signifierait vraiment pas grand'chose, puisqu'elle se balancerait sur une équivoque et que, croyant regarder une idée, j'en apercevrais une autre.

Ainsi, je ne puis pas définir parce qu'individualiste. Mais je dois indiquer dans quel sens je prends, maintenant, dans cette méditation-ci, le mot individualisme.

On détermine surtout par des négations et des exclusions. Il est arrivé à M. Clemenceau, par exemple, de se prétendre individualiste. Je ne prendrai pas le mot dans le même sens que M. Clemenceau. Je ne le prendrai pas dans le même sens que les bourgeois qui vantent leur individualisme. Et même, si des camarades — je sais qu'il y en a — sont surtout préoccupés de questions économiques, je ne me rencontrerai pas avec eux. Parce que, d'une manière générale et ce soir en particulier, je ne m'intéresse pas beaucoup aux questions économiques. Je ne vous dis pas pourquoi ; je vous indique seulement que, pour moi, les questions économiques ne peuvent pas se résoudre directement et que, au contraire, elles seront presque résolues, lorsque l'on consentira à ne plus les regarder.

Je pourrais prendre aussi le mot individualiste dans un sens métaphysique ; je pourrais chercher quelle est l'essence de l'individu. Je ne me dirigerai pas non plus de ce côté. Cela est trop profond ou cela est trop haut. Nous nous perdrions dans le rêve. Or, encore que je ne veuille rien démontrer, je désirerais cependant côtoyer de près la réalité.

Je négligerai donc individualisme bourgeois, individualisme économique, individualisme métaphysique. J'examinerai seulement les différentes sortes, ou plutôt différentes sortes — car je ne suis pas sûr de faire une énumération complète — de l'individualisme éthique.

J'ai employé le mot « éthique », mot savant et peu connu, plutôt que « moral » qui est le mot connu, le mot courant. Parce que je n'aime pas ce dernier terme ou ce qu'il représente à mes yeux. Je considè « éthique » comme le nom d'un genre où je distingue deux espèces : les morales et les sagesses. Et, au nom des sagesses, je condamne les morales.

Beaucoup d'individualistes, d'ailleurs, se sont déclarés immoralistes. Je me déclare quelquefois immoraliste. A condition qu'on entende bien que, par cette déclaration, je ne renonce pas à rendre logique et rythmée la conduite de ma vie. Mais j'essaie de rythmer la conduite de ma vie par la sagesse, et non par la morale (1).

C'est donc un certain nombre de sagesses individualistes que je vais essayer de distinguer ce soir.

Les sagesses individualistes, les individualismes éthiques

---

(1) Sur les différences essentielles entre ce que j'appelle morale et ce que je nomme sagesse, on peut consulter soit *Le Subjectivisme*, soit ma *Petite causerie sur la sagesse*.

sont des méthodes pour se réaliser soi-même. Elles nous donnent sur nous-mêmes un certain pouvoir. Mais nul pouvoir n'existe qui ne s'appuie sur un savoir. Aussi, très divergentes bientôt, les sagesses individualistes partent pourtant d'un même point. Tout individualisme éthique commence par la formule de Socrate : « Connais-toi toi-même ».

Mais ce précepte si individualiste a été entendu en un sens peu individualiste par le plus grand et le plus infidèle des disciples de Socrate.

Dans un des dialogues les plus célèbres de Platon, dans le *Ménon*, nous voyons Socrate interroger un jeune esclave et, par des questions singulièrement habiles, l'amener à construire un carré double d'un carré donné. Si Socrate avait encore vécu au moment où Platon a écrit le *Ménon*, il aurait répété comme après le *Lysis* : « Que de choses ce jeune homme me fait dire auxquelles je n'ai jamais songé ! » Peut-être aurait-il dit plus sévèrement : « Que de choses ce jeune homme me fait dire qui sont tout à fait contraires à ma pensée ! »

Cette façon de faire trouver en lui par l'esclave des choses qui n'ont jamais été en lui, des choses que nous inventons, que nous créons, que nous rêvons, comme des carrés, des mesures de carrés, des diagonales, ce n'est pas ce à quoi songeait Socrate quand il disait : « Connais-toi toi-même ». Malgré la calomnie d'Aristophane, Socrate évite avec soin la métaphysique, le rêve, les nuées. Si Platon donne au « Connais-toi toi-même », le sens qu'on lui voit dans le *Ménon*, c'est qu'il a une croyance métaphysique singulière. Il s'imagine que, avant cette existence, nous avons vécu une vie plus belle, plus consciente, plus lumineuse. Nous avons tout connu dans cette vie antérieure et maintenant nous pouvons retrouver quelques réminiscences de ce que nous avons su autrefois. Pour lui, apprendre, c'est se souvenir.

Cette façon très belle et très poétique de comprendre le « connais-toi toi-même » n'a rien d'éthique et d'individualiste, dans le sens où, ce soir, nous prenons ce mot. L'individualiste ne cherche en lui que la connaissance de soi-même et non point la science des choses extérieures ou des inventions d'Euclide.

Lorsque Socrate dit : « Connais-toi toi-même », il veut que je me connaisse, non pas métaphysiquement, non pas dans mon essence, non pas dans ce qui est insaisissable, mais dans ce qui est saisissable ; il veut que je sache ce que je suis, ce que je veux et ce que je peux. La connaissance individualiste de moi-même comprend la double critique de ma volonté et de ma puissance.

Aujourd'hui, c'est surtout par la façon dont ils dirigent la critique de la volonté et la critique du désir que je classerai les divers individualismes qui m'intéressent.

Lorsque je me demande ce que je suis, les réponses que je fais sont différentes suivant le moment ou suivant mon tempérament. Historiquement, je crois distinguer quatre réponses principales.

Je puis prendre parti pour la vie, comme dit Nietzsche, ou je puis prendre parti pour l'humanité. Je puis répondre : « Je suis un vivant » ou « Je suis un homme ». Vous devinez sans peine que, selon que je ferai l'une ou l'autre de ces réponses, mon individualisme sera très différent.

Mais, lorsque j'ai répondu « Je suis un vivant » ou « Je suis un homme », je ne suis pas au bout de mes hésitations. Ceux qui se répondent « Je suis un vivant » se demandent quelle est la plus profonde volonté du vivant, la plus profonde tendance de la vie — car c'est cela qu'ils veulent réaliser. Ceux qui se répondent « Je suis un homme » se demandent quelle est la caractéristique de l'homme, ce qu'il y a dans l'homme de plus particulier, de plus humain, de plus noble — car c'est cela qu'ils veulent réaliser. Schématiquement, nous pouvons trouver encore, chez les uns et chez les autres, deux tendances différentes.

Les individualistes de la vie, de la volonté de vie, les individualistes du plus profond, comme les individualistes de la volonté d'humanité, les individualistes du plus noble, se divisent les uns et les autres en deux catégories.

Quand je dis « Je suis un vivant », et que je me demande ce qu'il y a de plus profond chez le vivant, si je m'appelle Nietzsche ou, vingt-quatre siècles auparavant, si je m'appelle Calliclès, je réponds : « Ce qu'il y a de plus profond chez le vivant, c'est la volonté de puissance, la volonté de domination ».

« Partout, dit Nietzsche, où j'ai trouvé quelque chose de vivant, j'ai trouvé de la volonté de puissance ; et même dans la volonté de celui qui obéit, j'ai trouvé la volonté d'être maître. » Mais, est-ce que tous ceux qui ont fait cette réponse : « Je suis un vivant », tous ceux qui en eux-mêmes ont pris parti pour la vie et pour la profondeur continuent la même réponse que Calliclès et Nietzsche ? Non.

D'autres disent : « Ce qu'il y a de plus profond dans

le vivant, c'est l'amour du plaisir ». Pour la simplicité de l'exposition, sans nous préoccuper des détails et sans chercher à classer selon l'époque ou selon l'étage, nous appellerons nietzschéisme — parce que Nietzsche est le plus célèbre parmi ceux qui ont pris ce parti — l'individualisme de la volonté de puissance ; et nous appellerons épicurisme — puisque Epicure est le plus célèbre entre ceux de cette tendance — l'individualisme de l'amour du plaisir.

Ceux qui ont dit « C'est un homme que je veux être » et qui cherchent ce qu'il y a de plus particulier à l'homme, ce qu'il y a de plus noble dans l'homme, se divisent aussi en deux tendances. Les uns veulent qu'en eux ce soit la raison qui domine, les autres que ce soit le cœur.

Ici aussi, sans nous occuper des époques, pour plus de facilité, nous appellerons stoïciens ceux qui songent à se conduire suivant leur raison et tolstoïens ceux qui songent à se conduire suivant les élans de leur cœur.

Voici donc quatre formes d'individualisme éthique bien différentes, au premier aspect au moins, entre lesquelles nous trouverions bien des formes intermédiaires. Nous pouvons distinguer : volonté de puissance, volonté de plaisir, volonté de raison, volonté de cœur.

L'une ou l'autre de ces formes de l'individualisme nous paraîtra-t-elle décisivement supérieure ? nous paraîtra-t-elle tout à fait complète ? Y en a-t-il une qui réponde entièrement à nos désirs ?

Le nietzschéisme, l'individualisme de la volonté de puissance, au moins à le prendre grossièrement, n'est individualiste qu'au départ. En d'anciennes controverses, avec la quantité de mauvaise foi qu'apportent dans la discussion même les gens de bonne foi, il m'est arrivé de refuser à des nietzschéens le nom d'individualistes parce qu'ils me refusaient à moi-même le titre disputé.

Au fond, il y avait une âme de vérité dans le besoin qu'ils éprouvaient de me refuser la qualification dont ils se glorifiaient et dans le besoin que j'éprouvais moi-même de les rejeter hors du cercle individualiste.

Je leur disais : « A qui ne respecte pas tous les individus, je refuse le nom d'individualiste. Or, le nietzschéisme ne respecte pas tous les individus. Le nietzschéisme, morale de maître, admet nécessairement des esclaves. Nietzsche dit lui-même insolemment : « Pour tout renforcement, pour toute élévation du type homme, il faut une nouvelle espèce d'asservissement.» Et il demande à plusieurs : « Es-tu quelqu'un qui avait le droit de s'échapper d'un joug ? Il y en a qui perdent leur dernière valeur en quittant leur sujétion. » Le nietzschéisme écrase un certain nombre d'individus ; il ne respecte pas tous les individus ; en un certain sens, il renonce à l'individualisme.

Mais le maître lui-même restera-t-il un individu ? Le maître dépend de l'image que l'esclave se fait de lui ; il ne reste le maître qu'à condition de frapper l'esprit de l'esclave soit de terreur, soit d'amour, et de le tromper. Cette nécessité ne le fait-elle pas dépendant et esclave de tous les esclaves ?

Napoléon Ier, dans le fameux *dialogue inconnu* d'Alfred de Vigny, s'écrie :

« Quelle fatigue ! Quelle petitesse ! Poser ! toujours poser ! de face pour ce parti, de profil pour celui-là, selon leur idée. Leur paraître ce qu'ils aiment que l'on soit, et deviner juste leurs rêves d'imbéciles... Etre leur maître à tous et ne savoir qu'en faire. Voilà tout, ma foi ! Et, après ce tout, m'ennuyer autant que je le fais, c'est trop fort. »

Auguste, l'un des hommes les plus habiles dans la morale des maîtres, dit sur son lit de mort : « Applaudissez, mes amis, la comédie est finie ».

Est-ce que vous croyez qu'un homme qui, toute sa vie, joue la comédie est un homme libre ? Croyez-vous qu'il soit un individu ? Rien ne fausse notre pensée comme le mensonge à notre pensée. Celui qui essaie d'exprimer exactement, qui essaie de dire sa pensée vraie a beaucoup de peine à ne pas la déformer dans l'expression. Croyez-vous que celui qui s'applique à la déformer dans l'expression ne la déformera pas ensuite dans la réalité ? Croyez-vous que son mensonge ne dévorera pas sa vérité et que son masque ne rongera pas son visage ?

L'individualiste de la volonté de puissance, s'il se joue dans l'abstrait, je ne sais ce qu'il devient, — Nietzsche n'a jamais fait de politique — mais, s'il se joue dans le concret, s'il essaye de vivre sa doctrine, il devient le plus servile des hommes, l'esclave de tous ses esclaves.

Le nietzscheisme ne me satisfait pas puisqu'il me rend moins individu que bien des doctrines qui ne se croient pas individualistes.

Vais-je trouver le salut ou du moins une satisfaction plus grande dans l'épicurisme, dans la doctrine de la volonté de plaisir ?

S'il s'agissait de courir au plaisir dès qu'il se montre,

de courir à n'importe quelle volupté, je serais encore bien esclave. Je me jetterais souvent sur un appât qui cacherait un piège et déclencherait un ressort de douleur ; je passerais ma vie dans les regrets, dans l'inquiétude, dans les tourments.

Mais aucun individualiste n'a entendu ainsi l'amour du plaisir. Le plus ancien historiquement, le fondateur de la doctrine, Aristippe déclare déjà que la grande vertu du philosophe est la maîtrise de soi. Il disait : « Je possède Laïs ; elle ne me possède pas ». Cette maîtrise de soi peut créer une certaine liberté et un individualisme durable.

Epicure va beaucoup plus loin. L'analyse des désirs telle qu'Epicure l'a faite est un des chefs-d'œuvre de la philosophie de tous les temps. Epicure distingue en nous trois sortes de désirs. Les uns sont naturels et nécessaires, comme le besoin de manger ou comme la soif. D'autres sont naturels sans être nécessaires, comme le désir de varier mes aliments. D'autres enfin ne sont ni naturels ni nécessaires, comme le désir de porter un bout de ruban à sa boutonnière ou d'asseoir ses fesses sur un fauteuil d'Académie.

Epicure nous dit :

Il faut satisfaire les désirs naturels et nécessaires. En les satisfaisant, nous obtenons des plaisirs absolus, des plaisirs qui ne peuvent pas être augmentés. J'ai faim et je mange selon ma faim ; j'ai soif et je bois selon ma soif : voilà des plaisirs inaugmentables. Mais, si nous nous en tenons aux désirs naturels et nécessaires, il faut si peu de chose pour être heureux.

Les désirs naturels et non nécessaires, comme l'amour,

comme le goût de la variété dans les aliments ou les boissons, ne nous donnent pas un plaisir réel ; ils apportent de la variété dans le plaisir, mais ne créent pas de plaisirs nouveaux. Il faut les satisfaire quand l'occasion nous offre facilement leur objet ; il faut les mépriser dès qu'il nous engageraient dans quelque embarras et dans quelque difficulté.

Les désirs qui ne sont ni naturels ni nécessaires sont nos ennemis. Ceux-là, il faut nous en débarrasser complètement. Sans quoi nous ne pouvons espérer aucun bonheur ni aucune liberté. Le désir des honneurs n'est jamais satisfait. Quand je suis chevalier de la Légion d'honneur, je veux être officier ; quand je suis officier, je veux être commandeur ; quand je suis commandeur, il me faut la plaque — je crois que ça s'appelle la plaque — de grand-officier. Plus j'ai d'argent, plus j'en veux. M. Loucheur, quand il est arrivé à son premier milliard, fut tourmenté du besoin d'avoir son second milliard beaucoup plus que je ne peux être tourmenté par la recherche des quelques francs dont j'ai besoin. Ces basses démangeaisons s'exaspèrent à être grattées.

Ainsi, dit Epicure, satisfaisons les désirs naturels et nécessaires. Satisfaisons, quand l'occasion n'est pas difficile, les désirs naturels et non nécessaires. Supprimons complètement en nous les désirs qui ne sont ni naturels ni nécessaires. Cette méthode nous rendra heureux autant que peuvent l'être les dieux que nous imaginons. Lorsque je n'ai pas faim et que je n'ai pas d'indigestion, lorsque j'ai mangé à ma faim et pas plus que ma faim, lorsque je n'ai pas soif, lorsque je ne souffre de rien, lorsque je n'ai ni trop froid ni trop chaud, je suis un être parfaitement heureux.

Pourquoi suis-je parfaitement heureux ? Parce que le bonheur est l'activité naturelle de tout notre être ; c'est l'activité naturelle et facile de tous nos organes, organes physiques d'abord, organes internes ensuite.

D'après Epicure, les plaisirs du corps sont premiers. Les joies de l'esprit ne peuvent venir qu'ensuite ; elles s'appuient, comme sur une base nécessaire, sur les plaisirs de corps. Notre esprit n'est d'une activité belle et joyeuse que si notre corps a reçu les faciles satisfactions qu'il exige.

Cependant, ces plaisirs de l'esprit, fils des plaisirs du corps, sont des fils plus grands que leurs pères.

Et voici qu'Episcure arrive, grâce à la doctrine de ce qu'il appelle le plaisir constitutif, à supprimer toute douleur.

Nous supprimons d'abord la douleur en satisfaisant les désirs naturels et nécessaires. Mais si, par hasard, nous ne les pouvons satisfaire, pourvu que nous soyons montés jusqu'où monte Epicure, nous restons encore heureux. Si j'éprouve une douleur dans une partie de mon corps, cela ne m'empêche pas d'avoir d'autres organes qui agissent librement et dont je puis jouir. Sur les organes qui agissent librement je porte mon attention au lieu de la donner stupidement à l'organe qui souffre.

Un de mes amis me racontait qu'en chemin de fer il avait eu la maladresse de mal placer sa main et d'avoir deux doigts écrasés par une portière brutalement refermée. Ceci se passait au mois où la saison est la plus belle, aux environs de la Pentecôte, en Normandie ; il revenait vers Paris ; il enveloppa d'un mouchoir ses doigts sanglants et il leur dit : « Ce n'est pas encore vous qui m'empêcherez de voir la beauté des fleurs et des arbres ». Tout le long de la route, au lieu d'être le maladroit qui souffre de ses deux doigts, il fut l'homme habile, l'épicurien qui jouit de ses deux yeux.

N'élargissons pas nos maux inévitables. Pas de malheur suggéré et artificiel. Il y a toujours en nous des joies multiples et c'est à ces joies qu'il faut nous donner, non aux douleurs. Etres complexes, penchons-nous pour la cueillir, vers la richesse de nos joies et laissons se faner, négligée, la pauvreté de nos douleurs.

Epicure, mourant d'une maladie, paraît-il, atrocement douloureuse, de la pierre, écrivait à son ami Idoménée :

« Je t'écris au dernier et par conséquent au plus heureux jour de ma vie. Je souffre de douleurs de vessie et d'entrailles telles que je ne crois pas qu'on puisse en éprouver de plus fortes. Mais le souvenir de mes dogmes, de mes découvertes, de mes amitiés me remplit d'une joie supérieure où se noient tous les maux de mon corps. »

L'Epicurien arrive à accumuler ses plaisirs, à porter toute son attention sur ses joies, à jouir de tous ses bonheures d'hier comme de ceux d'aujourd'hui et de ceux de demain. Sous cette immensité de bonheur, il cache les petites douleurs qu'il ne peut éviter, ou plutôt il en fait encore de la joie. Dans cet océan de joie, une goutte d'amertume ne peut qu'augmenter le bonheur en lui donnant une saveur plus piquante.

Ainsi, l'épicurisme bien compris, élevé jusqu'où l'élève Epicure c'est, en effet, le bonheur continuel, la liberté d'esprit continuelle, l'indéfectible individualisme.

Est-ce que tous les Epicuriens sont arrivés au même degré qu'Epicure ? Permettez-moi de ne pas répondre. Certains Romains se sont piqués d'épicurisme. Le Romain, qu'il ait des empereurs ou des papes, qu'il soit la brute violente ou la bête sournoise et religieuse, a toujours gâté tout ce qu'il touchait.

Soit parce que certains Epicuriens avilissaient la doctrine d'Epicure, soit parce qu'il y avait quelque chose d'un peu équivoque dans les mots dont le maître même se servait, d'autres individualistes ont combattu cette doctrine. Les stoïciens se sont toujours dressés contre les Epicuriens.

Les Stoïciens veulent qu'on obéisse à la raison et non au plaisir. Remarquez que l'obéissance au plaisir, après l'analyse du désir telle qu'elle a été faite par Epicure, est bien aussi soumission à la raison. Le stoïcisme et l'épicurisme diffèrent dans les mots plus que dans les choses.

C'est ce qu'exprimait Sénèque lorsqu'il appelait Epicure un héros habillé en femme.

Le Stoïcien veut que j'obéisse à ma raison. De même que la recherche du plaisir direct et certain épicurisme compris d'une façon étroite ne me laisserait aucune liberté ; de même le stoïcisme, compris d'une manière étroite, ne me laisserait ni grande liberté ni grand individualisme. Mais les grands Stoïciens, Zénon, Cléanthe, Epictète ne l'ont pas compris ainsi. Encore qu'ils mettent l'accent sur l'obéissance à la raison, ils sont des êtres complets, ils sont des hommes. Quand la raison ne s'y oppose pas, qui doit tout régler, ils veulent que nous obéissions aussi à nos instincts et à notre cœur.

Qu'est-ce que la raison commande d'après les Stoïciens ?

D'être harmonieux, de suivre la nature. Mais la nature humaine est chose complexe et la raison elle-même nous éloigne de supprimer nos richesses.

Les Stoïciens disaient : L'homme est naturellement ami de l'homme. Qu'est-ce que cette façon de comprendre la nature sinon l'obéissance au cœur ?

Les Stoïciens disaient que nous devons être des harmonies. Une harmonie ne se forme pas d'une seule note, d'une seule tendance ; nous devons donc concilier en nous des tendances multiples. Seulement, les Stoïciens veulent que nous établissions une puissante hiérarchie intérieure et que nous maintenions la raison au-dessus de tout. Ces Stoïciens, par exemple, qu'on accuse de manquer de cœur ont les premiers inventé le mot charité, mot devenu bien laid ; devenu, dans la décadence chrétienne, le synonyme de l'aumône, avilissante pour deux êtres. Mais primitivement charité signifie grâce, exprime l'amour avec tout son cortège de spontanéités et de sourires. Ce sont les Stoïciens qui, les premiers, — je traduis mot à mot une parole de Cicéron — ont inventé « la vaste charité du genre humain », c'est-à-dire l'amour pour tous les hommes.

Epicure donnait une grande place au cœur. Les Epicuriens sont célèbres par leurs amitiés. Lorsque les statuaires représentaient Epicure, ils sculptaient toujours derrière lui le visage de Métrodore. Vous ne trouverez jamais un buste d'Epicure seul ; toujours des bustes géminés unissent, pour l'immortalité de l'art, les deux amis.

Seulement l'Epicurien n'aime que ses amis, tandis que le Stoïcien répand sur tous les hommes son cœur généreux.

Vous voyez combien les Stoïciens se rapprochent de

ceux que j'appelais tout à l'heure les Tolstoïens, de ceux qui cherchent dans leur cœur la chaleur de la vérité.

A comprendre l'épicurisme étroitement, on supprimerait le cœur et la raison. A comprendre étroitement le stoïcisme, on supprimerait le cœur et l'instinct. A comprendre étroitement le tolstoïsme, on supprimerait l'instinct et la raison. Mais jamais, sauf des disciples naïfs et étroits ou des ennemis partiaux, personne n'a compris ainsi une grande doctrine.

Tolstoï, tout en faisant surtout appel au cœur, accorde une grande place à la raison, à la critique, à la lumière. Il n'y a pas dans l'être humain de chaleur véritable sans lumière, ni de lumière véritable sans chaleur.

Nous ne pouvons pas admettre l'une quelconque de ces doctrines prise dans un sens étroit et exclusif. Mais n'importe laquelle, si nous lui laissons le sourire, la largeur, l'équilibre que lui ont donnés ses meilleurs partisans nous conduit à la vérité individuelle.

Le parti-pris, chez les doctrinaires, est certainement dans les mots plus que dans les choses. Ils discutent parce que les uns mettent l'accent ici et que les autres le mettent là. Qu'importe, s'ils arrivent tous à la vérité totale.

Que m'importe qu'on me dise : « Vous êtes un vivant, prenez parti pour la vie », ou qu'on me dise : « Vous êtes un homme. prenez parti pour l'humanité ». Pour que je sois un homme, il faut que je sois un vivant et, si je n'étais pas un homme, que m'importerait d'être un vivant ?

Les anciens se posaient des problèmes ingénieux, amusants, un peu ridicules parfois. Carnéade demandait à Chrysippe : « Aimerais-tu mieux être une raison d'homme dans le corps d'un âne ou une intelligence d'âne dans un corps d'homme ? » Nous ignorons ce que Chrysippe répondait. Répondons pour lui : « Je ne veux être ni l'un ni l'autre. Je veux être un homme complet. Je veux être, dans un corps d'homme, une vérité d'homme, une lumière et une chaleur d'homme, un cœur et une raison d'homme. »

Il faut arriver à s'harmoniser. Il faut arriver à trouver tout en soi et à tout respecter. Telle est bien la pensée des premiers Stoïciens lorsqu'ils conseillaient : « Vis harmonieusement ».

Peu importe la forme d'individualisme d'où je pars si j'arrive au sommet d'où l'on voit tout l'horizon. Pendant que je monte, je suis sur une côte ou sur l'autre ; une partie du sommet me reste cachée. Mais, par les différents sentiers sur les deux côtés, on arrive à la crête hautaine d'où se découvre tout l'horizon et toute la vaste vérité.

Même le nietzschéisme que nous semblons avoir rejeté complètement pourrait se défendre. Nous l'avons repoussé parce que historiquement, alors qu'Epicure est arrivé à l'individualisme complet, alors que les grands Stoïciens et les grands cœurs sont arrivés à l'individualisme complet, Nietzsche s'est arrêté en chemin. Qui nous empêche de continuer la route négligée ? S'il n'était pas devenu fou pour des raisons organiques, ne l'aurait-il pas continuée lui-même ? Ne serait-il pas arrivé au sommet qu'habitent Epicure et Epictète ? Peut-être, si Epicure était devenu fou à 35 ans, il ne serait pas arrivé non plus à la vérité totale, il serait resté enlizé dans les marécages et les plaisirs d'en bas. Si Epictète était mort jeune ou devenu fou, serait-il arrivé par la raison jusqu'à la vérité du cœur ? Si Tolstoï était mort ou devenu fou assez jeune, il ne serait pas arrivé par le cœur à la vérité de la raison.

Le chemin que Nietzsche n'a pas pu finir, ceux qui se sentent attirés davantage vers le sentier de Nietzsche, qu'ils l'achèvent donc. Il y a une façon de comprendre la volonté de puissance qui est très belle ; il y a même plusieurs façons très belles et très complètes de la comprendre. La volonté de puissance, erreur si elle doit s'exercer brutalement sur d'autres hommes, devient vérité si cet impérialisme m'est tout intérieur, si c'est moi-même que je veux dominer, que je veux créer. Elle devient aussi vérité si cette domination, je veux l'exercer sur la nature des choses et non plus sur mes semblables. Voici deux méthodes pour continuer Nietzsche, le compléter, le rendre un aussi bel individualiste qu'Epicure ou que les grands Stoïciens et les grands cœurs.

Que chacun prenne, suivant son tempérament et les dominantes de sa jeunesse, le chemin qui lui agrée. Pourvu que sa vaillance dure et qu'il ne se laissse pas tomber aux premières étapes, il arrivera au sommet, il arrivera à la vérité totale, à la liberté rythmée de son cœur et de sa raison. Il arrivera à l'harmonie complète de l'individualiste complet.

= IMPRIMERIE DE =

L'IDÉE LIBRE

Conflans-Honorine

= SEINE-ET-OISE =

CONFLANS-HONORINE
(SEINE-ET-OISE)

www.ingramcontent.com/pod-product-compliance
Ingram Content Group UK Ltd.
Pitfield, Milton Keynes, MK11 3LW, UK
UKHW020522180726
13839UKWH00005B/2240